Czerny - Germer
Estudos Escolhidos

1ª parte - 50 Pequenos Estudos, Op. 261, 821, 599 e 139
  Para o curso elementar superior

2ª parte - 32 Estudos Selecionados, Op. 829, 849, 335 e 636
  Para o curso médio inferior

PARA PIANO
Rev. Souza Lima
Primeiro Volume

Nº Cat.: 225-M

Irmãos Vitale Editores Ltda.
vitale.com.br
Rua Raposo Tavares, 85 São Paulo SP
CEP: 04704-110 editora@vitale.com.br Tel.: 11 5081-9499

© Copyright 1964 by Irmãos Vitale Editores Ltda. - São Paulo - Rio de Janeiro - Brasil.
Todos os direitos autorais reservados para todos os países. *All rights reserved.*

Dados Internacionais de Catalogação na Publicação (CIP)
(Câmara Brasileira do Livro, SP, Brasil)

Czerny, Carl
　　Estudos escolhidos para piano, 1º volume /
Czerny, Germer ; revisão Souza Lima. -- São Paulo :
Irmãos Vitale

　　1. Piano - Estudo e ensino I. Germer, H.
II. Lima, Souza, 1898-1982. III. Título.

ISBN nº 85-7407-044-0
ISBN nº 978-85-7407-044-5

98-5498　　　　　　　　　　　　　　　　　CDD-786.207

Índices para catálogo sistemático:

1. Piano : Estudo e ensino　786.207

PRIMEIRA PARTE

50 Pequenos Estudos

Op. 261, 821, 599 e 139

Revisão de
Souza Lima

C. CZERNY
(1791 - 1857)

14. Allegro

23 Allegretto

Allegro commodo

24

27. Allegro vivace

28

32

Allegro

Allegro vivo e scherzando

35

42

34

Allegro vivace

45

Allegro vivo

46

47

48

42

SEGUNDA PARTE

32 Estudos

Op. 829, 849, 335 e 636

Revisão de
Souza Lima

C. CZERNY
(1791-1857)

Vivace giocoso (♩=76)

2

p levemente

Molto Allegro ($\textit{d}$=100)

4

Allegro vivo e scherzoso

75

Allegro moderato

Allegro moderato

20

81

87

Molto allegro

24

26. Allegro risoluto (♩=138)

27

95

28 Allegro commodo (♩=132)

97

98

30. Allegro vivace

Allegretto vivace (♩=80)

31